Jon Scieszka
TRUCKTOWN
en Calle de la Lectura

AL LODO

PEARSON

Glenview, Illinois • Boston, Massachusetts • Chandler, Arizona
Shoreview, Minnesota • Upper Saddle River, New Jersey

Hay mucho lodo en esta cima.

¡Mira cómo Rita patina!

A unos camiones les gusta el lodo.

A Rita no le gusta.

Rita no ha nacido para el lodo.

¿Patina Melvin en el lodo?

¡No!

Melvin no ha nacido para el lodo.

¿Patina Carlos en el lodo?

¡Sí!

Carlos ha nacido para el lodo.

Carlos llama a Max. Max llama a Bárbara.

¿Max se anima?

¿Sube Bárbara a la cima?

¡Sí! Bárbara corre por toda la cima.

¡Max recibe su baño de lodo!

¡Carlos patina y patina!

Nada de lodo para Melvin y Rita.

¿Y para los demás amigos?

¡Míralos felices!

ISBN-13: 978-0-328-39775-4
ISBN-10:   0-328-39775-X

1 2 3 4 5 6 7 8 9 10 V0G1 17 16 15 14 13 12 11 10 09 08

¡En marcha!
Librito 33

Cuento de
Ángela Ruiz Daudet

Ilustraciones de
Luis Contreras
Michael Spooner
Kurt Aspland
David Gordon

Created by Jon Scieszka.
Characters and environments developed by

David Shannon, Loren Long, and David Gordon
Illustration crew: Executive Producer: Keytoon,
in association with Animagic S.L.
Creative Supervisor: Sergio Pablos.
Drawings by: Ron Pablo Navas.
Color by: Isabel Nadal.
Color Assistant: Gabriela Lazba.
Art Director: Aviva Shur.

ISBN-13: 978-0-328-39775-4
ISBN-10: 0-328-39775-X

EAN

9 780328 397754

90000 >

THE
Chocolate
Lover's
COOKBOOK

CHRISTINA DYMOCK

From the author of *One Dirty Bowl* and *The Healthy Family Slow Cooker*